아르볼 생각나무

우리 동네는 안 돼요!

ⓒ 신은영, 2024

1판 1쇄 발행 2024년 4월 30일

글 신은영 | **그림** 이다혜
펴낸이 권준구 | **펴낸곳** (주)지학사
본부장 황홍규 | **편집장** 김지영 | **편집** 박보영 이지연 | **교정교열** 김민영
디자인 권선영 이혜리 | **마케팅** 송성만 손정빈 윤술옥 | **제작** 김현정 이진형 강석준 오지형
등록 2010년 1월 29일(제313-2010-24호) | **주소** 서울시 마포구 신촌로6길 5
전화 02.330.5263 | **팩스** 02.3141.4488 | **이메일** arbolbooks@jihak.co.kr
ISBN 979-11-6204-161-1 73810
잘못된 책은 구입하신 곳에서 바꿔 드립니다.

 **제조국** 대한민국 　 **사용연령** 8세 이상
KC마크는 이 제품이 공통안전기준에 적합하였음을 의미합니다.

지학사아르볼 아르볼은 '나무'를 뜻하는 스페인어. 어린이들의 마음에 담긴 씨앗을 알찬 열매로 맺게 하는 나무가 되겠습니다.

홈페이지 www.jihak.co.kr/arb/book | **포스트** post.naver.com/arbolbooks

아르볼 생각나무

우리 동네는 안 돼요!

글 **신은영** 그림 **이다혜**

지학사아르볼

- JJ 스포츠 센터   8
- 뻔뻔한 최장미   17
- 스포츠 센터 VS 특수 학교   26
- 왜 우리만 참아야 해?   33
- 이쪽과 저쪽   46
- 절대 양보는 없어!   57

- [ ]  **통쾌한 복수** 70

- [ ]  **공용 상자** 80

- [ ]  **싸움은 이제 그만** 91

- [ ]  **우리 반 과학 실험실로 오세요!** 102

지식 쏙! 생각 쏙! 112

- 님비 현상이란?
- 우리 주변 님비 현상 5가지
- 님비 현상을 해결하려면?
- 님비 현상은 무조건 나쁠까?
- 같은 듯 다른 사회 현상들은?

이환영
만능 스포츠맨을 꿈꾸는 남자아이.
5학년 1반 회장으로서 책임감이 강하고,
배려심이 많다.

강루비
아이돌보다 롤러스케이트를
더 사랑하는 여자아이.
롤러스케이트 덕분에
환영이, 만수와 친해졌다.

박만수
환영이의 단짝.
발달 장애인인 동생 때문에
속앓이를 할 때도 있지만,
대체로 밝고 긍정적이다.

최장미
승부욕이 강하고 자신감 넘치는
5학년 2반 회장. 과학 축제 준비로
환영이와 번번이 부딪힌다.

최다솔
하반신 마비 장애로 특수
학교에 다니는 여자아이.
환영이와 속 깊은 얘기를
나누며 가까워진다.

JJ 스포츠 센터

등굣길, 환영이 입에서 하품이 연거푸 터져 나왔다.

"환영아!"

흠칫 놀란 환영이가 뒤를 돌아봤다.

"너도 엄청 피곤하지?"

한쪽 발을 절뚝이며 다가온 루비가 물었다.

"응, 지금도 어깨랑 다리가 계속 욱신거려."

"난 발가락에 물집이 잡혔지 뭐야. 그런데도 또 타고 싶어!"

"아~ 나도!"

환영이가 맞장구치며 롤러스케이트 타는 시늉을 했다.

"만수는 우리보다 훨씬 아플걸? 엉덩방아를 하도 많이 찧어서 엉덩이에 불난다고 난리였잖아."

"아, 참! 만수가 수영장 물을 다 마셨다던데?"

환영이 말에 루비가 웃음을 터트렸다. 둘은 잠시 동안 배를 잡고 웃었다.

"하여튼 거긴 매일 가고 싶다니까."

"우리 동네에도 스포츠 센터가 생기면 얼마나 좋을까? 그럼 버스 타고 멀리 갈 필요도 없을 텐데……."

루비 얼굴에 아쉬움이 스쳤다. 그때 만수가 요란스럽게 달려오며 외쳤다.

"환영아, 루비야~ 같이 가!"

만수는 한껏 지친 얼굴로 두 아이의 가방을 척 잡았다.

"오늘도 동생 때문에 늦은 거야?"

루비 물음에 만수가 고개를 끄덕였다.

"찬수가 차 타기 싫다고 우는 바람에 엄마랑 내가 달래서 겨우 보냈어."

"장난감이라도 쥐어 주면 좀 낫지 않을까?"

환영이가 안타까운 표정으로 말했다.

"그렇게 해 봤는데 금세 싫증 내더라고. 차 타는 게 싫은가 봐."

"하긴, 어제 JJ 스포츠 센터 다녀온 것만으로도 이렇게 피곤한데. 찬수네 학교는 거기보다 훨씬 더 멀잖아."

루비가 고개를 절레절레 저었다.

"근데 너 괜찮아? 어제 수영장 물을 엄청 마셨다며?"

환영이가 장난치듯 팔꿈치로 만수를 슬쩍 밀었다.

"말도 마!"

만수가 공중에서 손을 휘휘 젓곤 너스레를 떨었다.

"백 년 동안 마실 물을 어제 한꺼번에 다 마셨잖아. 그 뒤론 갈증도 전혀 안 난다니까!"

만수의 익살스러운 표정에 셋은 다 함께 껄껄 웃었다.

잠시 후, 교실로 들어서려는데 복도에 낯익은 얼굴이 보였다.

"얘들아, 안녕!"

2반 최장미가 반가운 척하며 손을 흔들었다. 만수가 어금니를

꽉 깨물고 들릴 듯 말 듯 말했다.

"최강 비호감, 최장미잖아."

"그냥 가자. 보나마나 괜히 기분만 상할 거야……."

루비가 환영이 팔을 잡아당겼다. 그럴 줄 알았다는 듯 장미가 재빨리 다가와 환영이 앞에 섰다.

"네가 1반 회장으로 뽑혔다며?"

장미가 입술을 비틀며 물었다.

"그래서 뭐?"

환영이 눈썹이 꿈틀댔다.

"축하해 주려고!"

장미가 손끝으로 성의 없이 박수 치는 시늉을 했다.

"혹시 우리 반 회장은 누군지 알아?"

장미의 턱이 위로 솟았다.

"최장미 네가 회장 된 거 소문 다 났어. 그거 자랑하려고 지금 이러는 거야?"

루비가 팔짱을 툭 끼며 눈을 희번덕거렸다.

"벌써 들었구나? 너희도 알다시피 우리 학년은 딱 두 반뿐이잖아. 앞으로 체육 대회는 물론 여러 대회에서 서로가 경쟁 상대인 거지."

"경쟁 상대? 그냥 각자 열심히 하면 되지. 난 너희 반이랑 경쟁할 생각 없어."

환영이가 무심하게 말하자 장미의 속눈썹이 파르르 떨렸다.

"네가 아무리 관심 없는 척해도, 어차피 우린 일등과 꼴등으로 나뉠 수밖에 없어. 아차, 넌 경쟁할 생각 없댔지? 그럼 우리 반이 쭉 일등 할게. 너흰 꼴등을 맡아 줘. 안녕!"

장미가 뒤돌아서 2반 교실로 쏙 들어갔다.

"최장미 쟤는 어쩜 작년이랑 변한 게 하나도 없냐?"

"그러게 말이야. 작년에 최장미한테 다들 불만이 많았잖아. 손해는 절대 안 보려 하고, 무조건 이기려고 드니까 싫어하지."

루비와 만수가 혀를 끌끌 찼다.

"그냥 신경 쓰지 말자. 저러다 말겠지."

환영이가 2반 뒷문을 째려보다 입맛을 쩝 다셨다.

잠시 후, 뒤늦게 교실로 들어온 사랑이가 큰 소리로 말했다.

"애들아! 정류장 앞에 붙은 현수막 봤어?"

"아니. 무슨 현수막?"

아이들이 호기심에 눈을 반짝였다.

"정류장 근처에 몇 년간 방치된 땅 있잖아. 거기에 새 건물이 들어선대. 현수막에 적혀 있었어!"

"뭐가 들어온대?"

아이들 목이 쭉 늘어났다. 잠시 뜸을 들이던 사랑이가 마침내 입을 열었다.

"대형 스포츠 센터!"

"우아~ 빨리 생겼으면 좋겠다!"

"안에 수영장도 있을까?"

"배드민턴장도 있으면 좋겠다!"

아이들이 들뜬 목소리로 한마디씩 거들었다.

"환영아, 이제 JJ 스포츠 센터까지 안 가도 되겠다. 그치?"

루비도 환하게 웃으며 두 손을 꼭 모았다.

"거기보다 더 좋은 센터가 들어오지 않을까?"

"훨씬 크고 멋진 곳이 생기겠지."

환영이와 만수도 어깨를 들썩이며 좋아했다.

"얘들아, 근데……."

왁자지껄한 와중에 소희가 제법 큰 소리를 냈다. 아이들 시선이 일제히 소희에게 집중되었다.

"우리 엄마가 그랬는데, 거기 대형 스포츠 센터 말고 다른 게 들어올 거래."

"뭔데?"

아이들 눈이 동그래졌다.

"학교!"

"학교? 우리 동네에 학교는 충분히 많잖아!"

만수가 짜증스레 말했다.

"에이, 대형 스포츠 센터가 훨씬 낫지. 안 그래?"

"그래, 그게 훨씬 나은데……."

아이들 얼굴에서 반가움이 절반쯤 날아가 버렸다.

뻔뻔한 최장미

"2주 후에 과학 축제 있는 거 알죠? 이번엔 특별히 여러분이 직접 축제를 기획하고 준비해 볼 거예요."

담임 선생님이 교실을 둘러보며 말했다.

"우아! 재밌겠다!"

아이들의 들뜬 목소리로 교실이 소란스러워졌다.

"우선 회장과 함께 과학 축제를 준비할 운영 위원이 필요해요. 누가 좋을까요?"

"그야 당연히 루비랑 만수죠. 셋이 찐친이잖아요!"

정수 말에 아이들이 와르르 웃었다. 루비와 만수도 싫지 않은 듯 환영이를 향해 오케이 사인을 보냈다.

"그럼 셋이 반 아이들과 잘 상의해서 주제를 정해 봐요. 그런 다음, 2반 운영 위원들과 필요한 물품 목록을 함께 작성해 가져오세요."

선생님 말이 끝나자마자 환영이 표정이 일그러졌다. 아침부터 비아냥대던 장미 얼굴이 번쩍 떠올라서였다. 루비와 만수도 불만스레 입을 내밀었다.

점심시간, 셋이 한자리에 모여 머리를 맞댔다.

"왜 하필 2반 애들이랑 같이 작성하라는 거야?"

만수가 볼을 불룩하게 부풀렸다.

"그러게 말이야. 최장미 얼굴을 또 봐야 하다니……."

"걱정하지 마. 우리 학년 예산 안에서 공평하게 물품을 구입하면 되니까 크게 부딪힐 일은 없을 거야."

환영이가 위로하듯 말하자 둘의 표정이 한결 누그러졌다.

"작년 과학 축제 때 보니까, 벽보가 바람에 막 휘날려서 불편하던데. 이번엔 단단한 아크릴판 같은 데 벽보를 붙이면 어떨까?"

루비 말에 만수가 엄지를 척 들어 올렸다. 그러곤 물품 목록

표에 '아크릴판'이라고 적었다.

"색색깔 풍선도 벽에다 붙이면 어때?"

"풍선은 왜?"

"우리가 2반보다 더 돋보일 수 있잖아."

"환영이 너… 최장미가 얄미워서 그러는 거지?"

루비가 놀리듯 말하자 환영이가 민망한지 머리를 긁적였다.

"그럼 풍선 주문할게. 그 외에 수정테이프도 필요하겠지?"

만수의 손놀림이 점점 빨라졌다.

하교 후, 복도에서 환영이네와 장미네가 마주 섰다. 아이들은 한동안 떨떠름한 표정으로 서로 쳐다보기만 했다. 그러다 장미가 먼저 입을 뗐다.

"물품 목록 다 작성했어?"

장미가 손바닥을 척 내밀자 만수가 얼떨결에 종이를 건넸다. 장미는 '흠……' 하며 목록을 꼼꼼히 살폈다. 그 모습을 지켜보던 환영이와 루비의 입꼬리가 씰룩거렸다.

"뭐야, 넌 너희 반 것만 신경 쓰면 되잖아."

환영이가 불쾌하다는 투로 말했다.

"부스는 안 사?"

고개를 든 장미가 톡 쏘듯 물었다.

"부스? 우린 부스 필요 없는데?"

루비가 눈을 흘기며 재빨리 대답했다. 장미 옆에 서 있던 햇살이와 철빈이가 들릴 듯 말 듯 콧방귀를 뀌었다.

"과학 축제엔 부스가 생명이야! 부스가 있어야 근사해 보이지."

"그래, 부스 없는 축제라니… 생각만 해도 별로야!"

햇살이 말에 철빈이가 맞장구 치면서 키득거렸다.

"복도에서 한다는데 굳이 부스까지 필요해?"

"부스 가격 봤어? 그거 사면 다른 건 거의 사지도 못해."

"혹시 부스 가격도 모르면서 우기는 거 아냐?"

환영이네의 반격이 제법 따끔했던지 장미와 햇살이, 철빈이 눈알이 뱅그르르 돌아갔다. 잠시 머리를 굴리던 장미가 기막힌 아이디어라도 있다는 듯 슬쩍 웃었다.

'저건 최장미가 막무가내로 우길 때 표정인데…….'

불안해진 환영이가 입술을 지그시 깨물었다.

"걱정할 거 없어!"

장미가 자신만만하게 말하자 햇살이와 철빈이가 장미 쪽으로 몸을 틀었다.

"장미야, 무슨 좋은 방법이라도 있는 거야?"

"다른 물품도 사야 하잖아. 부스 때문에 못 사면 어떡해?"

햇살이와 철빈이가 목소리를 낮추며 물었다.

"어차피 1반과 2반이 같이 쓰는 예산이라잖아!"

"그, 그게 무슨 뜻이야?"

환영이가 어리둥절한 표정으로 물었다. 햇살이와 철빈이도 두 눈을 끔뻑이면서 장미의 대답을 기다렸다.

"혹시……."

루비가 장미를 향해 의심스런 눈빛을 보냈다.

"너희가 예산을 우리보다 더 쓰겠다는 말이야? 그건 안 돼, 공평하게 절반씩 써야지!"

환영이는 머리가 지끈 아파 왔다. 작년에 사사건건 고집을 부리던 장미 모습이 머릿속에 휘리릭 지나갔다.

'어쩜 저렇게 이기적일까?'

환영이가 머리카락을 거칠게 쓸어 넘겼다.

"최장미 너, 정말 너무하는 거 아냐?"

만수가 앞으로 나서며 따졌다. 햇살이와 철빈이는 난감한 얼굴로 아이들 눈치만 살폈다.

"음……. 일단 우리끼리 다시 상의해서 목록을 조정해 볼게. 우리가 예산을 조금 더 쓰더라도 이해해 줘. 우린 부스가 꼭 필요하거든."

"안 돼! 그건 공평하지 않잖아."

참다못한 환영이가 소리를 버럭 질렀다. 장미만 빼고 다들 흠칫 놀란 표정이었다. 장미가 입술을 비틀더니 한마디 내뱉었다.

"너희만 마음을 조금 넓게 쓰면 될 것 같은데?"

"왜 우리만 양보해야 돼?"

환영이 목소리가 한층 더 날카로워졌다.

"그야 우리 부스에 애들이 많이 올 게 분명하잖아. 그럼 우리 옆에 있는 너희한테도 좋은 거 아냐? 덩달아 방문자가 늘어날 테니까."

"고작 그거 때문에 양보하라고?"

루비가 가슴을 탁탁 치며 물었다.

"잘 생각해 봐. 과학 축제 때 우리 학년에만 손님이 없으면 어떨 것 같아? 우리 두 반 중, 한 반은 눈에 잘 띄게 부스를 설치해야 애들을 끌어 모으지."

장미 말에 다들 입술을 꾹 눌러 닫았다.

"그러니까 너희가 조금, 아주 조금만 양보하면 두 반 모두에게 좋은 거야. 이제 이해했지?"

늘 그렇듯 장미가 잘난 척하며 길게 설명했다. 환영이는 말문이 턱 막혀 버렸다.

스포츠 센터 VS 특수 학교

며칠 후, 학원에서 집으로 걸어오던 환영이가 발걸음을 뚝 멈췄다. 벽에 붙은 현수막들이 어지럽게 눈으로 쏟아져 들어왔다.

대형 스포츠 센터 건립을 환영합니다!

현수막 아래엔 '살기 좋은 동네 준비 위원회'라고 적혀 있었다.

'정말 스포츠 센터가 들어오려나 보네. 루비가 엄청 좋아하겠는걸?'

그런데 환영이가 두어 걸음 더 내디뎠을 때였다.

'어, 이건 뭐지?'

환영이 눈이 커다래졌다. 조금 떨어진 벽면에 또 다른 현수막이 걸려 있었다.

특수 학교 건립을 환영합니다!

현수막 아래에 '특수 학교 건립 추진 위원회'라는 글자가 꼬리처럼 붙은 채였다.

"대체 뭐가 생긴다는 거야?"

양쪽 현수막을 번갈아 쳐다보던 환영이가 입술을 쭉 내밀었다. 그때 아주머니 둘이 환영이 뒤에 멈춰 섰다.

"뜬금없이 왜 특수 학교가 들어온다는 거야?"

"그러게 말이야, 스포츠 센터가 훨씬 나은데……."

두 아주머니의 미간이 한껏 구겨졌다.

"그거 들었어?"

안경을 쓴 아주머니가 목소리를 낮췄다.

"뭐?"

"대형 스포츠 센터가 들어오면 '살기 좋은 동네'로 뽑힐 수 있대. 그럼 우리 동네에 혜택도 엄청 많아질 거라잖아."

환영이는 슬쩍 한 걸음 떨어져서 귀를 기울였다.

"무슨 혜택?"

"일단 교통이 훨씬 좋아지겠지. 지금은 버스도 몇 대 없고, 지

하철역까지 버스를 타고 나가야 해서 다들 불만이 많잖아. 근데 '살기 좋은 동네'로 뽑히면 버스 노선도 늘고, 지하철역이 생길 수도 있대."

안경 쓴 아주머니가 신나게 말하는 동안, 파마머리 아주머니의 얼굴빛이 점점 밝아졌다.

"세상에! 그럼 우리가 꼭 뽑혀야지!"

"그러니까 대형 스포츠 센터가 먼저 들어와야지. 우리 동네를 찾는 사람들이 많아야 높은 점수로 뽑힐 수 있다잖아."

환영이는 그제야 현수막에 '살기 좋은 동네 준비 위원회'라고 적힌 이유를 알 것 같았다. 스포츠 센터에서 친구들과 수영하는 상상을 하자 입가에 미소가 절로 떠올랐다.

환영이가 문득 고개를 돌렸을 때, 아파트 정문을 통과하는 지혜 학교 승합차가 눈에 들어왔다. 통학 버스 정류장에서 한 아주머니와 이야기를 나누고 있는 만수도 보였다. 환영이는 반가운 마음에 만수 쪽으로 후다닥 달려갔다. 옆에 서 있던 아주머니가 목을 쭉 빼고 다가오는 승합차를 쳐다봤다.

"찬수 데리러 왔구나?"

환영이가 만수 어깨에 팔을 두른 순간, 승합차 문이 스르륵 열렸다. 만수가 보조 선생님에게 꾸뻑 인사하자, 안에서 찬수 팔이 쭉 뻗어 나왔다.

"혀어어엉……."

찬수가 어눌하고 희미한 목소리로 '형'을 불렀다. 만수는 웃으며 다가가 차에서 내리는 찬수를 도와주었다.

"찬수야, 안녕! 형 기억나?"

환영이가 장난스레 찬수에게 얼굴을 들이밀며 손을 흔들었다. 하지만 찬수는 무표정한 얼굴로 다른 곳만 볼 뿐이었다.

"기억 안 나? 너희 형 친구, 환영이 형!"

환영이가 찬수의 시선을 따라 자리를 옮겨서 다시 말했다. 바닥을 내려다보던 찬수가 고개를 획획 저었다. 그러곤 만수 팔을 힘껏 잡아당겼다.

"환영아, 나 갈게. 내일 보자!"

만수가 허둥지둥 인사하며 찬수에게 끌려갔다. 그러는 사이, 운전사 아저씨가 트렁크에서 휠체어를 꺼냈다. 조금 전 만수 옆에 서 있던 아주머니가 차 안에 있는 여자아이를 번쩍 안아 올렸다. 환영이 시선이 저절로 여자아이에게 향했다.

"엄마, 잘 지냈어?"

하얀 얼굴에 피곤한 기색이 역력한 여자아이가 물었다. 엄마의 목을 감싼 두 팔과는 달리, 두 다리는 단단하게 굳은 듯 움직이지 않았다.

"응, 잘 지냈지. 우리 다솔인 어땠어?"

엄마가 다솔이와 눈을 맞추며 물었다.

"나도 좋았어!"

다솔이가 엄마를 안심시키려는 듯 해죽 웃었다. 운전사 아저씨가 휠체어를 밀며 다가오자 엄마가 다솔이를 휠체어에 앉혔다.

잠시 후, 승합차가 시동을 켜고 출발했다. 환영이는 서서히 멀어져 가는 승합차를 가만히 쳐다보았다. 승합차 뒷면에 커다랗게 적힌 '지혜 학교'라는 글자가 눈에 들어왔다. '찬수네 학교가 집에서 가까웠으면 얼마나 좋을까?'라고 하던 만수의 말이 뒤늦게 번쩍 떠올랐다.

다솔이 엄마가 허리를 굽혀 말했다.

"다솔아, 오늘 첫날이라 많이 힘들었지?"

"차를 오래 타서 피곤하긴 했지만… 학교는 재밌었어."

그때 환영이와 다솔이 눈이 마주쳤다. 반갑다는 듯 다솔이의 입꼬리가 슬며시 올라갔다. 환영이도 어색하게 따라 웃었다.

"엄마가 밀어 줄까?"

엄마가 휠체어 손잡이에 손을 올리며 물었다.

"아니. 내가 할 수 있어."

다솔이가 힘차게 휠체어 바퀴를 밀어 내며 앞으로 갔다.

왜 우리만 참아야 해?

아침부터 교실 복도에서 소란스러운 소리가 쩌렁쩌렁 울렸다. 계단을 오르던 환영이와 루비, 만수는 고개를 갸웃거렸다.

"무슨 일이지?"

"싸움이라도 났나?"

"빨리 가 보자!"

셋은 서둘러 계단을 뛰어 올라갔다. 복도에 모인 아이들 사이를 비집고 들어가 보니, 커다란 상자들이 1반 앞문과 2반 뒷문 사이 복도에 한가득 쌓여 있었다. 그 상자들이 양쪽 교실 문을 거의 막아 버린 탓에 아이들이 당황한 것 같았다.

"하필 여기에 쌓아 둘 건 뭐야?"

"그러게. 앞문을 거의 다 막아 버렸잖아."

"이것 봐. 2반보다 우리 반 문이 더 많이 막혔어."

1반과 2반 사이 벽면 중앙에 손을 갖다 댄 사랑이가 불만스럽게 중얼거렸다.

"이게 다 뭐야?"

환영이가 상자를 살피며 물었다.

"아까 아저씨들이 여기에 척척 내려놓고 가시던데?"

2반 햇살이가 냉큼 대답했다.

"혹시 과학 축제 때 쓰려고 너희가 주문한 거 아냐?"

사랑이 말에 루비가 그제야 생각난 듯 '아!' 하고 소리쳤다.

"맞네, 여기 상자에 '수정테이프 외 문구류'라고 적혀 있잖아. 근데 우리가 주문한 물품이 이렇게 많았나?"

만수가 중얼거리며 제일 아래 파란색 상자를 살짝 들어 옮기려 했다. 하지만 위에 있는 물건들 탓에 꿈쩍도 하지 않았다.

"윽! 우리 반 쪽으로 너무 쏠렸어. 옆으로 좀 밀면 좋을 텐데."

두어 번 더 시도해 보던 만수가 손을 탁탁 털며 아쉬워했다.

때마침 수업 시작 종이 울렸다. 아이들이 뒷문으로 들어와 자리에 앉았다. 복도에서 2반 선생님과 이야기를 나누던 담임 선생님도 이내 뒷문으로 들어왔다.

"여러분, 복도에 쌓인 물건들 때문에 깜짝 놀랐죠?"

"네, 빨리 치웠으면 좋겠어요."

"뒷문으로 다니니까 불편해요."

아이들의 하소연이 이어지자, 담임 선생님도 살짝 난감한 표정을 지었다.

"일주일 뒤에 과학 축제가 있으니 그때까지만 참을 수 있죠?"

"일주일은 너무 길어요!"

"당장 치우면 안 돼요?"

아이들이 인상을 쓰며 소리쳤다. 그때 만수가 환영이에게 재빨리 쪽지를 건넸다.

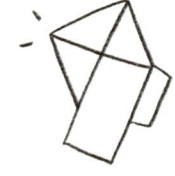

혹시 최장미가 일부러 거기 두라고 한 거 아닐까?

쪽지를 본 환영이가 차분히 생각을 가다듬었다.

'설마 그럴 리가……. 아니야, 최장미라면 그러고도 남지.'

루비도 환영이에게 쪽지를 툭 던졌다.

물건들을 다른 데로 옮기는 게 어때?

환영이가 복도를 떠올리곤 손을 번쩍 들었다.

"환영아, 뭐 할 얘기 있어?"

"선생님, 물건들을 다른 곳으로 옮기면 안 될까요?"

"음, 마땅한 장소가 없는 것 같은데?"

선생님 얼굴에 난감함이 또다시 스쳤다.

"2반 옆에 빈 공간이 있잖아요. 거기로 옮기면 우리 반 앞문이 막힐 일도 없을 거예요."

"여기 복도에 부스가 설치될 예정이라 그냥 두는 게 낫지 않을까? 배달해 주신 분들도 이미 가셨고……. 너무 무거워서 여러 번 옮기기도 번거로우니까 우리 며칠만 참자. 알겠지?"

"네……."

다들 내키지 않는 얼굴로 마지못해 대답했다. 환영이가 얼른 쪽지를 써서 루비에게 던졌다.

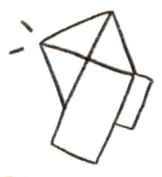

젤 아래 파란색 상자는 뭐였어?
만수가 옆으로 옮기려다 만 거!

루비에게서 곧장 답이 왔다.

뭐긴 뭐야, 최장미네 부스지!

'어휴, 그것만 없으면 옮기기 쉬울 텐데…….'
환영이 눈살이 잔뜩 찌푸려졌다.

쉬는 시간, 환영이가 2반 교실 앞을 지날 때였다. 얄미운 장미 목소리가 복도 창문 틈으로 새어 나왔다.

"내가 아저씨들한테 거기 놔 달라고 부탁했지!"

환영이가 복도 창문에 척 붙어 서서 교실 안을 슬쩍 들여다봤다. 장미가 뒷문 쪽을 가리키며 자랑스럽게 웃고 있었다.

"잘했어, 장미야. 어차피 1반이랑 같이 주문한 거니까 거기 두는 게 맞지."

"우리보다 1반이 더 불편할걸?"

"맞아. 우린 뒷문이지만, 1반은 앞문이 막혔으니까. 이제부터 1반 담임 선생님이랑 애들도 모두 뒷문으로 다니겠네?"

아이들이 허리를 젖히며 크게 웃어 댔다.

"1반 애들 얄미웠는데, 쌤통이다!"

철빈이가 입꼬리를 비틀며 낄낄거렸다.

'쳇! 진짜 얄미운 게 누군데?'

환영이는 입술을 꽉 깨물었다.

잠시 후, 환영이가 교실에 들어서자마자 재민이가 달려왔다.

"회장! 대책 없어?"

"무슨 대책?"

환영이가 눈을 동그랗게 떴다.

"저 상자들 말이야. 특히 제일 아래 커다란 봉은 우리 반 쪽으로 삐죽 나와 있잖아. 그거 2반 물건이라던데, 진짜야?"

"응."

"그럼 2반 쪽으로 더 밀어 둬야지."

재민이 말에 아이들이 일제히 환영이를 쳐다보았다. 환영이는 입술을 지그시 깨물었다. 뾰족한 시선들이 마치 빨리 결단을 내리라는 압박처럼 느껴졌다.

"너무 무거워서……."

환영이가 우물쭈물 대답했다.

"우리 반 애들이 다치기라도 하면 어쩌려고?"

"제일 무거운 것만 빼고, 나머지는 2반 쪽으로 밀면 안 돼?"

"2반 애들은 불편한 게 전혀 없다잖아. 왜 우리만 참아야 해?"

여기저기서 불만이 터져 나왔다.

'그래, 이건 공평하지 않아! 최장미 때문에 이게 뭐야.'

환영이는 자기도 모르게 손톱을 잘근 씹었다.

그날 오후, 학원에서 나온 환영이는 재빨리 집으로 달려갔다. 매주 목요일마다 일찍 퇴근하는 엄마, 아빠를 볼 생각에 가슴이 절로 설렜다.

환영이가 현관문을 급히 열고 집에 들어섰을 때였다. 현관에서 막 신발을 신던 아빠와 눈이 마주쳤다.

"아빠, 어디 가?"

"어, 긴급 주민 회의가 있어서."

곧장 일어나 나갈 듯하던 아빠가 안방 쪽을 흘깃 쳐다봤다. 그러곤 환영이 귓가로 몸을 기울여 속삭였다.

"환영아, 엄마 지금 저기압이니까······."

그때 안방에서 날카로운 소리가 터져 나왔다.

"너한테 정말 실망이야!"

환영이와 아빠가 깜짝 놀라 어깨를 움찔했다.

"무슨 일인데?"

"란주 이모랑 통화 중인데, 서로 의견이 안 맞나 봐."

아빠는 두루뭉술한 말을 남기곤 얼른 집을 나섰다.

'왜 저러지? 엄마랑 란주 이모는 둘도 없는 단짝인데······.'

환영이가 안방 앞에 서서 가만히 귀를 기울였다.

"장애를 가진 아이들도 교육받을 권리가 있잖아. 그냥 서로 좀 양보하면서 살면 안 되는 거야? 어떻게 매번 자로 잰 듯 공평할 수가 있니?"

엄마 목소리에 속상함이 가득 배어 있었다. 그 순간 학교 복도에 한가득 쌓인 상자들이 환영이 머릿속에 떠올랐다.

'서로 양보할 마음이 전혀 없다면?'

환영이는 복도에 놓인 상자들을 2반 쪽으로 싹 밀어 버리면 좋겠다고 생각했다. 하지만 절대 양보할 리 없는 최장미 얼굴이 떠오르자 이내 힘이 빠져 버렸다. 그렇다고 이대로 불편하게 지내기엔 너무 억울했다. 두 반 다 서로에게 양보를 기대할 뿐, 먼저 양보할 마음이 없는 게 분명했다.

엄마가 숨을 몰아쉬더니 한숨을 푹 내쉬었다.

"편을 나눠 싸우기보단 어떻게 하면 다 함께 '우리'가 될지를 고민하는 게 낫지 않을까? 난 분명 방법이 있을 거라고 믿어. 그래, 알겠어. 이만 끊자."

'다 함께 우리가 된다고?'

환영이는 눈알을 굴리며 이해해 보려 애썼다. 그때 안방 문이 휙 열리더니 엄마가 초췌한 얼굴로 나왔다. 환영이를 보고 놀란 엄마가 입술을 지그시 깨물었다.

"어… 환영이 왔어?"

"응. 근데 엄마! 란주 이모랑 왜 싸웠어?"

엄마가 살짝 당황하며 고개를 저었다.

"그냥 서로 의견이 달라서. 환영아, 아파트 앞 마트에 좀 다녀와 줄 수 있어? 두부랑 버섯이 필요하거든."

엄마가 건넨 돈을 받아든 환영이가 입술을 오물거렸다.

"엄마······."

"왜? 돈이 부족해?"

"그게 아니라······ 끝까지 서로 양보할 마음이 없으면 어떡해?"

환영이가 답답해하며 물었다. 잠시 생각한 엄마가 천천히 말을 꺼냈다.

"서로에게 양보를 미루기보다는 다 함께 '우리'가 될 수 있는 방법을 찾아야지. 자꾸 편을 나누다 보면 갈등이 계속 커질 수밖에 없잖아. 그러니까 서로 조금씩 양보한다 생각하고······."

"최장미는 조금도 양보하지 않는걸! 그래서 너무 얄밉단 말이야."

자기도 모르게 속엣말을 내놓은 환영이가 볼을 잔뜩 부풀렸다. 작년 내내 장미 이야기를 들은 탓에 엄마는 '또 최장미야?'라는 표정으로 가만히 있었다.

"갔다 올게."

환영이는 서둘러 밖으로 나와 버렸다.

'어휴…… 올해는 최장미랑 반이 달라서 엄청 좋아했는데. 왜 또 귀찮게 이런 일이 생긴 거야.'

이쪽과 저쪽

환영이가 터벅터벅 걸어가며 끙, 앓는 소리를 냈다. 문득 고개를 드니 저만치에 '지혜 학교' 차가 보였다. 오늘도 만수는 찬수 손에 붙들려 곧장 집으로 가는 길인 것 같았다. 지난번에 본 다솔이가 엄마에게 안겨 휠체어에 척 내려앉았다. 엄마한테 뭐라고 말하더니, 다솔이 혼자 아파트 입구 쪽으로 쌩쌩 이동했다.

'어딜 가는 거지?'

환영이는 눈으로 다솔이를 좇으며 걸어갔다. 다행히 마트 가는 길과 같은 방향이었다. 얼마 뒤, 새싹 문구점 앞에 멈춰 선 다솔이는 주머니에서 동전을 꺼내곤 뽑기 기계를 올려다봤다.

'뽑기를 하려고 온 거구나.'

환영이는 피식 웃으며 문방구를 지나치려고 했다. 그때 다솔이가 팔을 위로 쭉 뻗었다. 제일 윗줄에 있는 뽑기 기계에 동전을 넣으려는 모양이었다. 휠체어에 앉은 채로는 닿기 힘든 위치라 환영이는 자꾸만 신경이 쓰였다.

다솔이 입에서 한숨 소리가 길게 흘러나오자, 환영이가 불안한 눈으로 다솔이를 쳐다봤다. 손끝에 동전을 걸쳐 밀어 넣으려는 동작이 아슬아슬해 보이기까지 했다.

"내가 도와줄까?"

보다 못한 환영이가 다가가 물었다. 다솔이가 고개를 끄덕이며 동전을 건넸다. 환영이는 뽑기 기계에 동전을 넣곤 손잡이를 돌렸다.

쨍그르르르!

플라스틱 공이 밑으로 떨어지는 소리가 선명하게 울렸다. 다솔이가 플라스틱 공을 꺼내더니 능숙하게 반으로 쪼갰다. 그 안에서 나온 황금색 말랑이가 햇빛에 반짝거렸다.

말랑이를 가볍게 움켜쥐었던 다솔이가 갑자기 환영이 쪽으로 팔을 쭉 뻗었다.

"도와줘서 고마워. 이건 선물!"

"선물……?"

환영이가 얼떨떨한 표정으로 빤히 쳐다보자, 다솔이가 손을 한번 더 내밀었다.

"네가 필요해서 뽑은 거 아냐?"

"난 집에 또 있어. 울적할 때 이걸 주물럭거리면 신기하게도 마음이 편안해져."

다솔이 말에 환영이가 말랑이를 받아들고 가볍게 움켜쥐었다. 부드럽고 물컹한 덩어리가 손에 착 감겼다.

"고마워. 너 찬수랑 같은 학교 다니지? 찬수 형이 내 친구야. 난 5학년!"

환영이가 또박또박 말했다.

"난 최다솔. 너랑 똑같은 5학년! 네 이름은 뭐야?"

"이환영!"

"환영이? 우아, 근사한 이름이다. 어디서나 환영받는다는 뜻이구나?"

다솔이 말에 환영이가 히죽 웃었다.

다음 날 아침, 환영이가 문구점에 들렀다가 나올 때였다. 루비와 만수가 헐레벌떡 문구점으로 뛰어 들어왔다.

"나도 준비물!"

둘이서 준비물을 사서 나올 때까지 환영이는 문구점 앞에서 기다렸다. 잠시 후, 루비와 만수가 후다닥 달려 나왔다.

"오늘 웬일로 둘 다 늦었네?"

환영이가 신기하다는 듯 물었다.

"우리 가족 다 늦잠을 잤지 뭐야."

"우리 가족도!"

루비와 만수가 차례로 대답했다.

"왜? 어제 늦게 잤어?"

"응, 긴급 주민 회의가 늦게 끝나서."

"우리 엄마, 아빠도 회의에 갔다가 새벽에 들어왔어."

환영이는 그제야 어제 현관을 나서던 아빠 모습이 떠올랐다.

"우리 아빠도 거기 간다고 했는데… 근데 왜 그렇게 늦게 끝난 거래?"

"스포츠 센터랑 특수 학교 중에 뭐가 나은지 토론했다잖아.

양쪽 의견이 너무 달라서 오래 걸렸나 봐. 싸움까지 날 뻔했대."

만수가 고개를 절레절레 저으며 말했다.

"특수 학교를 원하는 사람들 마음도 알겠는데, 우리한텐 스포츠 센터가 훨씬 좋지. 안 그래?"

"응, 그렇지."

루비 말에 환영이도 맞장구쳤다. 옆에 선 만수는 생각에 잠긴 듯 말이 없었다.

"난 특수 학교가 생겼으면 좋겠는데."

만수가 툭 말했다.

"뭐? 그럼 계속 JJ 스포츠 센터까지 힘들게 가야 하는데?"

"찬수가 멀리 있는 학교에 가지 않아도 되니까……."

"아, 찬수…… 그럴 수도 있겠다."

루비가 살짝 미안해하며 말을 얼버무렸다.

"그래, 특수 학교가 생기는 것도 좋겠네."

환영이도 만수 눈치를 보며 어색하게 웃었다.

한동안 대화가 끊긴 채, 셋은 저벅저벅 걷기만 했다. 그러다 정류장 앞을 막 지날 때쯤 난데없는 고함 소리가 들려왔다.

"언제까지 우리 동네만 발전 없이 살 건가요!"

마치 누군가를 꾸짖는 듯한 목소리에 셋이 동시에 몸을 휙 젖혔다. 열 명쯤 되는 어른들이 큰길가에서 시위를 하고 있었다. 확성기를 든 아저씨가 다시 한 번 소리쳤다.

"여러분! 우리 동네는 늘 소외되어 왔습니다. 가만히 있다간 이번에도 좋은 기회를 놓칠 게 뻔합니다."

"옳소! 이번엔 꼭 '살기 좋은 동네'에 선발되어야 합니다!"

나머지 사람들도 주먹을 들어올리며 맞장구쳤다.

"왜 저러는 거야? 좋은 기회를 놓치다니?"

만수가 고개를 갸웃거렸다.

그때 또 다른 아저씨가 확성기를 뺏어 들고 소리쳤다.

"우린 대형 스포츠 센터 건립을 원합니다! 그래야 '살기 좋은 동네'로 뽑힐 수 있습니다!"

주변 사람들은 박수를 치며 환호했다. 시끌벅적한 시위대 옆을 지나가던 아주머니가 확성기를 든 아저씨를 향해 따졌다.

"근데 특수 학교도 꼭 필요하지 않나요? 우리 동네는 다른 동네에 비해 장애인이 많이 사는 편이잖아요! 그러니까 특수 학교가 들어오면 여러모로 도움이 될 거라고요."

"특수 학교에 다닐 애들은 고작해야 몇십 명일 텐데, 대다수 주민들이 왜 양보해야 하죠?"

확성기를 든 아저씨가 사납게 쏘아붙였다.

"맞아요. 우리가 왜 양보해야 하나요?"

"스포츠 센터는 동네 주민 누구나 다 이용할 수 있잖아요."

"왜 다수에게 희생을 요구하는 건가요?"

주변 사람들도 한마디씩 거들었다.

"여러분들 의견도 이해해요. 하지만 장애를 가진 아이들이 좀 더 편하게 교육받을 수 있도록 배려해 주시면 안 될까요?"

아주머니가 호소하듯 말하자, 반격하려던 사람들이 주춤하면서 입술을 씰룩거렸다.

"어휴~ 왜 저렇게 싸우는 거야."

루비가 입맛을 다시며 중얼거렸다. 보다 못한 만수도 짜증스레 내뱉었다.

"그러게 말이야. 그냥 투표로 정하면 안 되나?"

확성기를 든 아저씨가 눈썹을 꿈틀대며 다시 앞으로 나섰다. 그러곤 조금 전과는 달리 침착하게 설명하기 시작했다.

"지금 우리만을 위해서 이렇게 시위하는 걸로 보여요? 만약 스포츠 센터가 들어오고, 이용자가 많아지면 우리 동네는 지금보다 훨씬 교통이 좋아지고 발전하겠죠. 이게 다 여러분이 누릴 혜택이라고요. 여러분은 우리 동네가 발전하는 게 싫으세요?"

"물론 그렇게 되면 좋겠지만… 처음부터 거긴 학교 부지였잖아요. 특수 학교가 들어오는 것도 반대할 이유는 없다는 거죠."

아주머니가 작은 목소리로 대답했다.

"그렇게 어중간한 태도를 보이면 '살기 좋은 동네'로 뽑히기 힘들어요. 다 함께 힘을 모아도 모자란데, 이것도 좋고 저것도 좋다니… 쯧쯧!"

아저씨가 큰 소리로 혀를 차자, 아주머니가 민망해하면서 얼른 자리를 떴다.

"저 아저씨 말이 맞는 것 같지 않아?"

루비가 목소리를 낮춰 환영이에게 슬쩍 물었다. 환영이도 만수를 흘깃 보곤 고개를 재빨리 끄덕였다.

"아휴, 시끄러워! 우린 빨리 학교나 가자!"

또다시 시작된 확성기 소리에 만수가 환영이와 루비의 등을 떠밀었다. 조금 더 걸어가자 현수막으로 뒤덮인 벽이 나타났다.

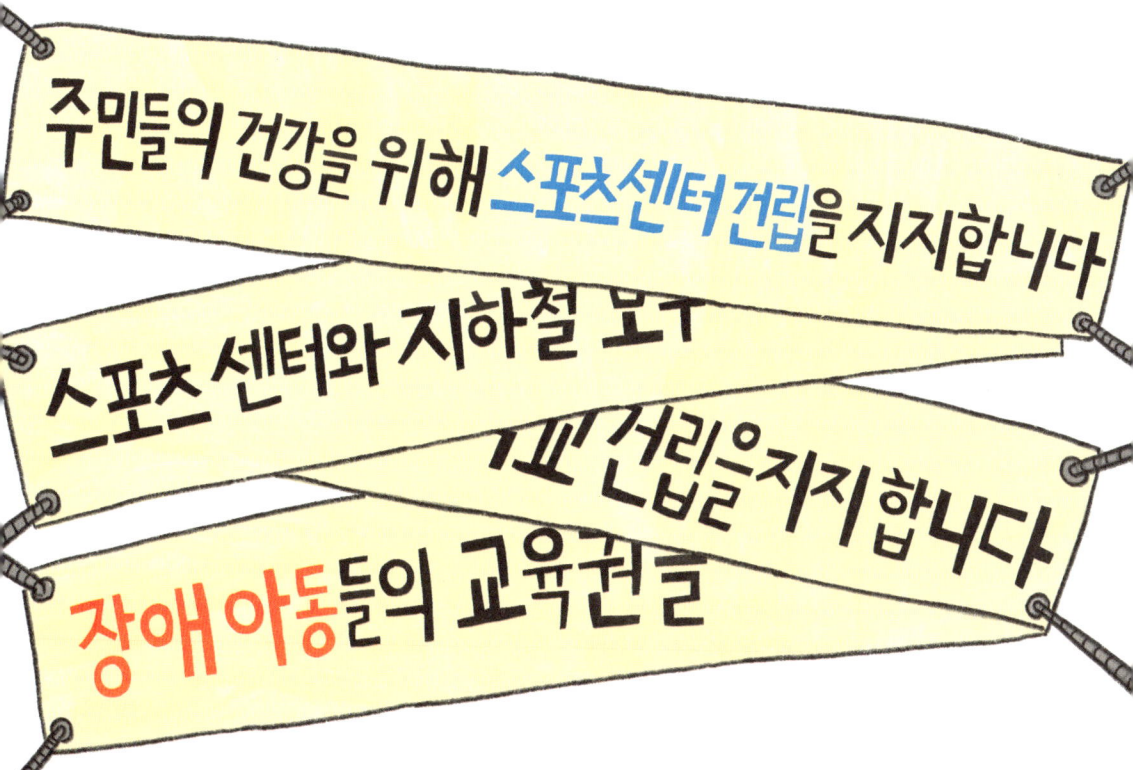

현수막을 읽을수록 환영이는 속이 갑갑해졌다. 동네 사람들 중 절반은 '이쪽', 나머지는 '저쪽'에 서서 서로를 향해 으르렁대는 것만 같았다.

절대 양보는 없어!

며칠 후, 교실 앞문 쪽에 아이들이 여럿 모여 있었다. 교실 뒷문으로 들어가려던 환영이가 앞문 쪽으로 다가갔다. 마침 환영이와 눈이 마주친 루비가 재빨리 손짓했다.

"환영아, 이리 와 봐!"

복도에 쌓여 있던 상자들이 어쩐 일인지 1반 쪽으로 쭉 밀려와 있었다.

"누가 이렇게 한 거야?"

환영이가 아이들을 둘러보며 물었다.

"난 누군지 알 것 같은데?"

만수가 허리에 손을 걸치며 콧김을 뿜었다. 그때 2반 뒷문이

쓱 열리더니 햇살이와 철빈이가 눈치를 살피듯 고개를 내밀었다.

"너희들이 이렇게 한 거지?"

루비가 씩씩거리며 물었다. 잠시 우물쭈물하던 햇살이와 철빈이가 복도로 나오자, 뒤이어 2반 아이들도 우르르 따라 나왔다.

"뒷문이 막히니까 우리 반 애들이 답답하다고 해서……."

햇살이가 변명하듯 말했다. 옆에 있던 철빈이도 한마디했다.

"어차피 너흰 앞문을 이용하지도 않으니까 상관없지 않아?"

그 말에 환영이 얼굴이 벌겋게 달아올랐다.

"상자를 우리 쪽으로 밀어 버리고, 너희는 뒷문까지 쓰겠다고?"

환영이가 철빈이를 무섭게 째려보며 말을 이었다.

"너희가 주문한 부스가 삐죽 나와서 우리가 얼마나 불편한지 알기나 해? 저렇게 큰 부스를 대체 왜 주문했는지 아직도 이해가 안 간다고! 어디 그뿐이야?"

그때 2반 뒷문이 거칠게 열리더니 장미가 복도로 나왔다.

"왜 이렇게 호들갑이야? 어차피 축제 끝나면 다 치울 텐데."

"호, 호들갑?"

환영이가 말까지 더듬으며 소리쳤다.

"그래, 호들갑! 그냥 좀 이해해 주면 되잖아. 안 그래?"

장미가 말을 마치고 휙 돌아선 순간, 환영이가 주먹을 불끈 쥐었다.

"왜 늘 우리만 양보해야 하냐고!"

환영이 목소리가 복도에 쩌렁쩌렁 울렸다. 금방이라도 큰 싸움이 날까 봐 아이들은 마른침을 꼴깍 삼켰다. 천천히 몸을 돌린 장미가 환영이 눈을 똑바로 쳐다봤다.

"대체 원하는 게 뭐야?"

"뭐긴 뭐야, 공평하게 하자는 거지!"

환영이가 인상을 쓰며 말을 툭 뱉었다.

"그럼 너희가 하고 싶은 대로 해. 이제 됐지?"

장미가 귀찮다는 듯 손을 털곤 교실로 쏙 들어가 버렸다. 복도에 남겨진 1반과 2반 아이들은 서로를 흘겨보다가 콧방귀를 뀌며 돌아섰다. 두 반 사이에 냉랭한 기운이 한가득 몰려왔다.

교실로 온 1반 아이들이 불만을 쏟아 내며 2반 흉을 봤다.

"쳇, 최장미만 뻔뻔한 줄 알았더니 2반 애들 다 양심이 없어!"

루비가 몸을 부르르 떨며 중얼거렸다.

"환영아, 우리도 본때를 보여 줘야 하지 않을까? 이렇게 당하고만 있을 순 없잖아."

만수 말에 다른 아이들도 하나둘씩 말을 보탰다.

"만수 말이 맞아. 왜 우리만 참아야 해?

"이건 너무 불공평해!"

"똑같이 돌려줘야 한다니까!"

가만히 듣고 있던 환영이가 천천히 일어섰다.

"과학 축제 때문에 벌어진 일이니까 내가 루비, 만수랑 같이 해결할게."

"어떻게 하려고?"

아이들이 환영이를 멍하니 쳐다봤다.

"최장미 말대로 하는 거지, 뭐."

환영이 말에 루비와 만수가 이해했다는 듯 고개를 끄덕였다.

하교 시간, 환영이와 루비, 만수는 운동장 구석에 앉아서 친구들이 모두 교문을 빠져나가길 기다렸다.

"저기 2반 애들도 간다!"

만수가 씩씩거리며 정문 쪽을 가리켰다.

"환영아, 괜찮겠지? 분명 원하는 대로 하라고 했으니까."

뒤늦게 걱정이 되는지 루비가 슬쩍 물었다.

"당연하지. 이제 가자!"

환영이가 앞장서고, 둘이 따라붙었다.

셋은 주위를 두리번거리며 계단을 올랐다. 얼마 뒤, 텅 빈 복도에 서서 덩그러니 놓인 상자들을 노려봤다.

"차례대로 옮기자!"

셋이서 낑낑거리며 상자들을 옮기기 시작했다. 마침내 제일 큰 상자를 남겨 두고서 호흡을 가다듬었다.

"하나, 둘, 셋 하면 드는 거야! 하나, 둘, 셋!"

셋은 함께 든 상자를 2반 뒷문 앞에 툭 내려놓았다.

"2반 쌤통이다."

루비가 손을 털며 말했다. 환영이와 만수도 개운한 얼굴로 고개를 끄덕였다.

그날 저녁, 거실 스피커에서 안내 방송이 쨍쨍 울렸다.

"이미 공지한 대로 오늘 저녁 8시에 관리 사무소 3층에서 주민 토론회가 열립니다. 대형 스포츠 센터와 특수 학교 건립에 관한 토론회이니 주민 여러분의 많은 참여 부탁드립니다."

순간 환영이는 큰길가에서 시위하던 어른들을 떠올렸다. 자신의 의견을 알리려고 목에 핏대를 세우던 모습이 눈에 선했다.

7시 50분이 되자 엄마와 아빠가 나갈 준비를 하며 물었다.

"환영아, 혼자 있기 싫으면 같이 갈래?"

"응."

환영이가 일어나서 주섬주섬 옷을 챙겨 입었다. 점퍼 주머니에 손을 밀어 넣자 말랑한 감촉이 손끝에 느껴졌다.

"아, 다솔이가 준 말랑이네."

조물조물 말랑이를 만질수록 딱딱했던 마음이 조금씩 말랑해지는 것 같았다.

잠시 후, 환영이네 가족 셋은 나란히 길을 걸어갔다.

"엄마, 아빠는 특수 학교가 생겼으면 하는 거지?"

환영이의 갑작스런 질문에 엄마, 아빠가 주춤하면서 눈을 맞췄다.

"응. 누구나 교육받을 권리가 있으니까. 무엇보다 장애를 가진 아이들을 위한 교육 시설이 턱없이 부족한 게 사실이거든. 우리 동네에 특수 학교가 생기면 그 애들과 가족들도 좀 더 행복해지지 않을까?"

엄마 말에 고개를 끄덕이던 환영이가 다시 물었다.

"그런데 특수 학교는 장애인이랑 그 가족들한테만 좋은 거 아냐?"

"물론 시설을 이용하는 사람들은 그들이겠지만, 교육 시설이

늘어나면 동네 이미지도 함께 좋아지는 거지."

엄마가 차분하게 설명을 이어 갔다. 뭔가 생각난 듯 환영이가 말했다.

"저번에 시위하는 어른들 말을 들어 보니까 우리 동네에 스포츠 센터가 생기면 주민들한테 혜택이 엄청 많을 거래. 버스도 늘고, 지하철역도 생길 거랬어. 엄마가 나한테 늘 했던 말, 기억 안 나?"

"내가 뭐랬는데?"

엄마가 살짝 당황한 얼굴로 되물었다.

"집 근처에 지하철역이 있으면 소원이 없겠다고. 엄마 소원이 이루어질지도 모르는데, 왜 반대하는 거야?"

"그건 그렇지만, 어느 동네든 특수 학교는 꼭 필요하잖아. 우리 동네에 학교 부지가 있으니까 조건이 딱 좋기도 하고……."

엄마와 아빠 얼굴에 난감한 빛이 번졌다.

"스포츠 센터는 우리 동네 사람들 모두 이용할 수 있잖아. 루비는 JJ 스포츠 센터에 다녀올 때마다 피곤하다고 투덜거려. 사실 나도 엄청 피곤해서 돌아오는 길엔 늘 꾸뻑꾸뻑 졸아. 우리 동네에 스포츠 센터가 생기면 금방 다녀올 수 있을 텐데……. 게다가 어른들도 매일 운동해서 건강해질 수 있잖아."

"그건 그렇지……."

엄마와 아빠가 동시에 중얼거렸다.

"그래, 네 말도 맞아. 서로 잘 타협해서 결정해야겠지."

아빠가 환영이 머리를 쓰다듬었다.

관리 사무소 앞에 도착했을 때였다. 저만치서 반갑게 손을 흔드는 다솔이가 보였다.

'아, 다솔이랑 찬수가 편하게 학교에 다니려면 특수 학교가 들어오는 게 좋을 텐데…….'

괜스레 다솔이에게 미안해진 환영이가 어색하게 웃었다.

"환영아!"

"너도 따라왔구나?"

"응."

"다솔아, 토론회 끝날 때까지 우린 여기서 놀까?"

다솔이가 뒤돌아 부모님에게 허락을 받아 냈다.

"좋아. 같이 놀자."

"엄마, 아빠! 내 친구 다솔이야. 찬수랑 같은 학교에 다녀."

환영이가 다솔이를 소개하자 엄마, 아빠가 다솔이 부모님과 인사한 후, 다솔이에게도 웃으며 손을 흔들었다.

"난 다솔이랑 여기서 놀고 있을게!"

환영이는 다솔이를 따라 광장 한쪽으로 달려갔다. 벤치에 앉자마자 환영이가 점퍼 주머니에 손을 넣었다.

"저번에 네가 준 말랑이 가져왔어."

환영이가 해죽 웃으며 말랑이를 꺼내 보여 줬다.

"나도 있어!"

"이렇게 쭉 늘어나니까 엄청 재밌어."

환영이가 두 손으로 말랑이를 늘리자 다솔이도 따라 했다. 둘은 말랑이를 가지고 이런저런 장난을 치며 키득키득 웃었다. 납작하던 말랑이가 금세 길쭉해지는 게 재미있고 신기했다.

"다들 이 말랑이처럼 되면 얼마나 좋을까?"

"그게 무슨 말이야?"

다솔이 말에 환영이 눈이 동그래졌다. 때마침 관리 사무소의 3층 창문 틈으로 어른들 목소리가 새어 나왔다.

"전 특수 학교 건립에 찬성입니다!"

"뭐라고요? 우리 동네엔 절대로 안 돼요!"

딱딱한 얼굴로 서로를 향해 무서운 눈빛을 쏘아 대는 어른들 모습이 저절로 그려졌다.

"저기 있는 어른들한테 말랑이를 하나씩 쥐어 주고 싶어."

다솔이가 말랑이를 쭉 늘리며 말했다.

"왜? 아, 말랑이처럼 유연해지라는 뜻이구나? 그럼 정말 좋을 텐데……."

"응…… 매일 싸우는 소리로 시끌벅적해서 너무 힘들어."

시무룩한 얼굴로 다솔이가 말했다.

"맞아. 동네 사람들끼리 서로 싸우는 모습도 그만 보고 싶어."

"특히 현수막을 볼 때마다 마음이 너무 불편해."

"왜?"

환영이가 얼른 물었다.

"마치 우리 가족에게 이 동네를 떠나라고 말하는 것 같거든."

다솔이가 고개를 툭 떨어트렸다. 환영이는 입술을 깨문 채 말랑이를 쥔 손에 바짝 힘을 줬다. 손바닥 안에서 유연하게 모양을 바꾸는 말랑이를 내려다보던 환영이가 혼잣말처럼 중얼거렸다.

"지금 당장은 힘들어도 결국엔 모두가 만족할 만한 방법을 찾지 않을까?"

통쾌한 복수

다음 날, 환영이와 루비, 만수가 교실에 들어서자 아이들이 일제히 환호성을 질렀다.

"너희들 덕분에 내 속이 뻥 뚫린 것 같아!"

"어제 상자들 옮기느라 힘들었지?

"2반 애들이 짜증 내는 거 보니까 엄청 고소해."

환영이가 머리를 긁적이며 웃었다. 그 순간 뒷문으로 들어선 소희가 말했다.

"저러다 2반 애들끼리 싸우겠는걸?"

아이들이 복도 창문에 달라붙어 고개

를 쏙 내밀었다. 완전히 막혀 버린 뒷문 앞에서 2반 아이들이 발을 구르고 있었다.

"그래서 내가 1반 쪽으로 조금만 밀자고 했잖아!"

"이렇게 될 줄 누가 알았겠어?"

"처음부터 밀지 말았어야지. 괜히 우리 문만 막혀 버렸잖아!"

"이건 운영 위원 애들 탓이야! 가만있는 1반한테 왜 싸움을 걸어?"

2반 아이들이 이렇게 구시렁대는 동안, 장미는 굳은 표정으로 입을 꾹 다물고 있었다. 1반 아이들은 터져 나오는 웃음을 꾹 누르며 제자리로 돌아왔다.

"이제 2반이 우리한테 시비 거는 일은 없겠지?"

"당연하지!"

사랑이가 큰 소리로 말하자, 아이들도 모두 동의했다. 벌겋게 달아오른 장미 얼굴을 떠올리던 환영이가 입을 열었다.

"일단 복수는 성공했지만, 안심할 순 없어!"

"왜? 넌 2반 애들이 또 옮길 거라고 생각해?"

"응. 호시탐탐 기회를 노리고 있을지도 몰라."

환영이 말에 웃음기를 지운 아이들이 대책을 고민했다.

"그럼 이렇게 하면 어떨까?"

루비가 벌떡 일어섰다.

"우리가 돌아가면서 보초를 서는 거야!"

"보초?"

아이들이 '그거 재밌겠다' 하는 표정으로 고개를 끄덕였다.

쉬는 시간이 되자, 성윤이와 미희, 로하가 뒷문에 서서 말했다.

"우리가 먼저 보초 서고 올게."

경쾌하게 복도로 달려 나간 셋은 2반 아이들을 경계하며 상자 주변을 지켰다.

"너희들 지금 여기서 뭐 하는 거야?"

2반 아이들이 다가와 슬쩍 물었다.

"보초 서!"

성윤이가 해죽 웃으며 대답하자, 미희가 재빨리 끼어들었다.

"그게 아니라, 과학 축제 때 쓸 물건들이 잘 있나 지켜보는 중이야."

2반 아이들이 서로 눈빛을 주고받으며 입술을 깨물었다.

"가만있는 물건을 왜 지켜보는 거야?"

"그야 뭐… 물건들이 사라지면 안 되니까."

로하가 눈알을 굴리며 대충 둘러댔다.

"쳇! 우리가 상자를 또 옮길까 봐 감시하는 거겠지."

햇살이가 얄밉게 한마디 하고는 휙 돌아섰다.

이후로도 1반 아이들은 쉬는 시간마다 세 사람씩 나서서 보초를 섰다. 그럴 때마다 2반 아이들이 주변을 어슬렁거리며 시비를 거는 바람에 두 반 사이에 신경전이 이어졌다.

하교 시간이 되자, 환영이가 루비와 만수에게 쪽지를 보냈다.

이번엔 우리 차례인 것 같아.

잠시 후, 아이들이 썰물 빠지듯 집으로 가고 환영이와 루비, 만수만 복도에 남았다.

"2반 애들도 어딘가 숨어 있다가 다시 올지 몰라."

복도를 두리번거리며 루비가 말했다.

"그래, 장미 성격에 그냥 넘어가진 않을 거야."

"두고 봐. 장미는 꼭 올걸?"

환영이와 만수가 반대쪽 복도를 흘깃거리며 중얼거렸다.

정확히 30분 후, 복도 끝에서 장미와 햇살이, 철빈이가 나타났다. 두 편 사이가 점점 가까워지자 마치 외나무다리에서 만난 적들처럼 서로를 노려보는 눈빛이 더 날카로워졌다.

마침내 바짝 다가온 셋이 환영이네를 위아래로 훑어보며 팔짱을 툭 꼈다.

"이거 너희 짓이지?"

장미가 손가락으로 2반 뒷문을 가리켰다.

"응, 그래서?"

만수가 한 발짝 앞으로 나서며 턱을 쳐들었다.

"불편을 끼쳤으면 사과를 해야지."

"뒷문 좀 막힌 게 뭐 어때서? 그 정도는 이해해 줄 수 있잖아. 넓은 마음으로!"

환영이가 일부러 비아냥대듯 대꾸했다. 그러자 장미 얼굴이 사정없이 일그러졌다.

"뒷문을 아예 막아 버리면 어떡해!"

이번엔 햇살이가 앞으로 나섰다.

"먼저 시작한 건 너희라고!"

루비도 한 발 다가갔다.

"우리보다 더 심하게 밀었잖아. 그건 공평하지 않아!"

장미 입에서 '공평'이란 말이 나오자 환영이와 루비, 만수가 마치 약속이라도 한 듯 동시에 쏘아붙였다.

"뭐? 공평?"

"불공평한 게 누군데 그래?"

"최장미, 넌 한 번도 공평했던 적이 없잖아!"

뜻밖의 공격에 쌜쭉해진 장미는 할 말을 찾지 못해 입을 꾹 닫았다. 아이들은 서로 눈치만 살피며 말없이 콧김을 뿜어 댔다. 두 편 사이에 무거운 정적만 흘렀다.

'또 한 번 공평하지 않다고 말하기만 해 봐. 절대 가만있지 않을 테니까.'

환영이가 씩씩거리며 장미에게 따가운 눈빛을 쏘아 댔다.

장미가 입술을 오물거리다 어렵게 한마디 꺼냈다.

"우리 그만 싸우고 휴전하는 게 어때?"

"휴전?"

"응. 이제 싸우는 것도 지겨워."

"말로만 휴전하자고 해 놓고 복수하려는 거지?"

만수가 못 믿겠다는 듯 말했다.

"아니야, 진짜 휴전하자고! 어차피 과학 축제도 코앞이잖아. 괜한 일로 진 빼고 싶지 않아서 그래."

"그 말…… 믿어도 돼?"

이번엔 환영이가 의심스럽다는 듯 다시 물었다. 장미는 힘 빠진 얼굴로 고개를 끄덕였다.

"좋아! 휴전하자. 그 대신 저 상자들은 손대지 말기!"

환영이가 단단히 이르며 다짐까지 받았다. 그러곤 루비, 만수와 함께 복도를 빠져나왔다.

"최장미를 믿어도 될까? 언제 뒤통수를 칠지 모르는데……."

루비가 걱정스레 물었다.

"일단 믿을 수밖에."

만수가 어깨를 으쓱거리며 말했다.

셋이 편의점 앞에 섰을 때였다. 길 양쪽에서 확성기 소리가 사정없이 귓속을 파고들었다.

"대형 스포츠 센터 건립만이 우리 동네를 살리는 길입니다! 살기 좋은 동네로 거듭나기 위해 다 함께 힘을 모아 주십시오."

"아이들의 교육권을 보장해 주지 않는 주민들의 민낯을 보세요! 너무 참혹하지 않습니까?"

양쪽의 주장이 팽팽하게 맞섰다. 서로 자기주장만 내세우느라거리는 거의 아수라장이 된 것 같았다. 갑자기 나타난 방송국 카메라들이 양쪽 시위대의 모습을 담는가 하면, 기자 아저씨가 성난 시위대 어른들과 인터뷰를 하기도 했다.

"지금 이곳 조화동 주민들이 양쪽으로 갈라서서 대립 중인데요, 둘 중 어느 쪽 의견에 찬성하십니까?"

기자 아저씨가 마이크를 넘기자, 어른들이 목에 핏대를 세우며 말을 하기 시작했다.

"도대체 스포츠 센터 건립을 왜 반대하는지 이해를 못하겠어요. 동네가 발전해야 주민들도 행복할 수 있죠!"

"제발 특수 학교 건립을 도와주세요. 우리 아이들이 매일 한 시간 넘게 차를 타고 통학하느라 지칠 대로 지쳤어요."

양쪽 인터뷰를 듣는 동안 환영이 마음도 이리저리 흔들렸다.

곧이어 셋이 편의점 안으로 들어갔다.

"얼른 결론이 나야 할 텐데……."

"양쪽 다 절대 양보하지 않을 것 같아."

만수와 루비가 편의점 밖을 내다보며 말했다.

"어휴~ 우리처럼 휴전이라도 하면 안 되나?"

환영이 말에 루비와 만수가 어이없다는 듯 웃음을 터트렸다.

공용 상자

과학 축제 전날이었다. 1반과 2반 아이들 몇몇이 방과 후 교실에 남아 축제 준비를 도왔다. 선생님들도 힘을 모아 2반 부스를 척척 조립했다. 상자에 담겼을 때와는 달리 다 만들고 나자 꽤 근사해 보였다.

"우아~ 2반 부스 멋지다!"

사랑이가 큰 소리로 감탄했다.

"우리 반도 있으면 좋을 텐데……."

"부스가 꼭 집처럼 아늑해 보여."

"우리 반만 너무 초라해 보이는 거 아닐까?"

1반 아이들이 부러운 시선을 보내자, 2반 아이들 어깨가 쫙

펴졌다.

"봐! 내 말이 맞지? 부스가 있어야 한다고 했잖아."

장미가 일부러 환영이 옆에 와서 말했다.

"우린 부스 없이도 멋지게 해낼 테니까 지켜보라고."

"과연 그럴까? 하긴 우리 부스에 온 애들이 너희 것도 보러 가겠지 뭐."

'어휴~ 최장미 또 시작이네.'

환영이가 고개를 돌리며 눈살을 찌푸렸다.

"자, 이제 나머지는 너희들이 준비해 봐. 두 반이 서로 열심히 도와서 하면 빨리 끝낼 수 있을 거야. 사이좋게 협동할 수 있지?"

선생님 물음에 누구도 선뜻 대답하지 않았다.

"왜 대답이 없어?"

"1반은 1반끼리, 2반은 2반끼리 협동할게요."

장미의 밉살스러운 대답에 아이들은 입맛을 쩝 다셨다.

선생님들이 먼저 가고 나자, 친구들도 하나둘 자리를 떴다. 만수가 주변을 둘러보며 말했다.

"또 우리만 남았네?"

운영 위원 여섯 명만 덩그러니 남았다. 아이들은 서로 눈치를 살피며 각자 할 일만 해 나갔다.

장미가 사인펜으로 종이에 글자를 쓰다가 움찔했다.

"앗! 틀렸네. 철빈아, 수정테이프 어디 있어?"

철빈이가 문구류 상자를 뒤져 보더니 난감한 표정을 지었다.

"아, 참! 수정테이프는 주문 안 했는데······."

"그걸 주문 안 하면 어떡해!"

장미가 버럭 짜증을 냈다.

"예산이 부족해서······."

"혹시 너희들 필통엔 없어?"

장미 물음에 철빈이와 햇살이가 동시에 고개를 저었다. 그러는 동안 환영이와 루비, 만수가 서로 눈을 맞추곤 장미네를 쳐다봤다. 철빈이가 1반 애들한테 물어보라는 듯 턱짓을 했지만, 장미는 단호하게 고개를 저을 뿐이었다. 답답해진 햇살이가 장미 대신 나섰다.

"저기······ 혹시 수정테이프 있어?"

"수정테이프는 왜?"

환영이가 일부러 시치미를 뚝 떼며 묻자, 장미가 불쾌하다는 듯 눈을 흘겼다.

"장미가 글자를 수정해야 해서…… 좀 빌릴 수 있을까?"

"그건 주문을 못했나 보네?"

"그럴 수밖에!"

"부스가 너무 비싸잖아."

미리 짜기라도 한 것처럼 환영이와 루비, 만수가 한마디씩 하며 살살 약을 올렸다. 장미와 햇살이, 철빈이는 입술을 꽉 깨물며 짜증을 삭였다.

루비가 수정테이프를 내밀었다.

"자, 여기 있어!"

장미가 마지못해 손을 뻗었다. 수정테이프를 잡기도 전에 루비가 팔을 휙 접어 버렸다.

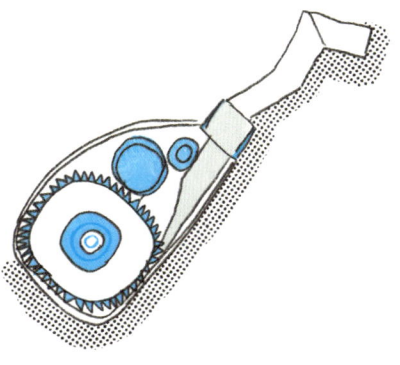

"왜 그래?"

"물건을 빌려주면 고맙다고 해야지."

루비 목소리에 장난기가 살짝 묻어났다.

"고, 고마워……."

얼굴이 벌게진 장미를 보며 환영이네가 피식 웃었다.

아이들은 한참 동안 말이 없었다. 그러다 갑자기 환영이가 만수에게 손짓했다.

"만수야, 빨리 풍선 불어서 붙이자!"

환영이가 공기 주입기를 달라는 듯 손을 내밀자 만수 눈이 금세 커다래졌다.

"헉! 공기 주입기 주문하는 걸 깜빡했다."

"뭐? 그럼 이걸 다 입으로 불어야 한다는 거야?"

풍선이 가득한 상자를 내려다보며 환영이가 발을 굴렀다.

"혹시 2반 애들이 가지고 있지 않을까?"

루비 말에 장미네가 들켰다는 듯 어깨를 움찔했다.

"자, 받아."

햇살이가 문구류 상자에서 공기 주입기를 꺼내 환영이에게 내밀었다.

"고마워……."

환영이가 작은 소리로 우물쭈물 대답하자, 만수가 '큭' 하고 웃음을 터트렸다. 곧이어 장미와 루비가 따라 웃었고, 나머지도 배를 잡고 껄껄댔다.

한바탕 웃고 난 뒤, 환영이가 갑자기 자리에서 일어났다. 그러곤 교실 한구석에 놓인 상자 쪽으로 걸어갔다.

"나한테 좋은 생각이 있어!"

"그 상자로 뭘 하려고?"

장미가 눈을 동그랗게 뜨고 물었다.

"우리 문구류를 아예 이 상자에 다 쏟는 게 어때? 서로 또 필요한 게 생길지도 모르잖아. 이걸 두 반이 함께 쓰는 공용 상자로 만드는 거야."

"오! 좋은 생각이야."

"그래, 다 같이 쓰는 게 좋겠어!"

　만수와 철빈이가 연이어 대답하곤, 두 반의 문구류를 공용 상자에 우르르 쏟아부었다. 다양한 문구류가 담긴 공용 상자가 생기자 다들 흐뭇해했다.
　"우리 이제 싸움 완전히 끝낸 거지?"
　루비가 묻자 아이들이 동시에 고개를 끄덕였다.

　그날 저녁, 주민 토론회가 또다시 열렸다. 엄마, 아빠를 따라간 환영이는 이번에도 관리 사무소 앞에서 다솔이와 마주쳤다.
　"왜 그렇게 기운이 없어?"
　시무룩한 다솔이를 보며 환영이가 물었다.
　"오늘도 어른들이 계속 싸울 거 같아서."
　다솔이가 회의장 쪽을 흘깃 쳐다봤다.

"나도 싸움이 지겨워. 얼마 전까지 학교에서 2반 애들하고 싸우느라 지쳤거든. 이젠 화해했지만……."

"왜 싸웠는데?"

다솔이 눈에 호기심이 스쳤다.

환영이가 그동안 1반과 2반 아이들이 옥신각신했던 일들을 들려주었다. 2반 아이들이 1반 쪽으로 상자들을 밀어 버린 일까지 얘기했을 때, 다솔이가 놀라며 물었다.

"그래서 어떻게 했어?"

"우리도 똑같이 해 줬어. 2반 쪽으로 상자를 싹 밀어 버렸지."

환영이가 두 손으로 상자 미는 시늉을 하자 다솔이가 걱정하듯 말했다.

"아, 그럼 싸움이 더 커졌을 텐데……."

"우리 쪽으로 다시 밀까 봐 돌아가면서 보초를 서다가 결국엔 휴전했어. 그러다 오늘은 싸움을 완전히 끝내 버렸지."

"어떻게?"

"큰 상자에 양쪽 문구류를 다 붓고 같이 쓰기로 했거든. 두 반이 함께 사용하는 공용 상자를 만든 거야."

"우아, 멋진 아이디어네!"

다솔이가 손뼉을 짝 치며 감탄했다. 환영이는 빙긋 웃곤 어깨를 으쓱거렸다. 그때 갑자기 회의장에서 고성이 울려 퍼졌다.

"그럼 특수 학교가 있는 동네로 이사를 가세요! 우리 동네는 절대 안 된다니까요!"

다솔이의 얼굴이 어두워지자, 환영이는 괜스레 마음이 따끔거렸다.

"두 반이 서로 밀었다던 그 상자들 말이야. 꼭 특수 학교 같아……."

다솔이가 서글픈 얼굴로 말했다.

"그게 무슨 말이야?"

"다들 특수 학교를 다른 동네로 떠넘기려고 하잖아. 자기네 동네는 절대 안 된다고 하면서 말이야. 참 이상해……."

다솔이 목소리가 바람 소리에 섞여 더 쓸쓸하게 들렸다. 환영이는 위로도 변명도 하지 못한 채 주머니 속 말랑이만 만지작거렸다. 그러는 동안에도 고함 소리가 쉴 새 없이 들려왔고, 다솔이 표정은 점점 더 어두워졌다.

가슴이 갑갑해진 환영이가 조심스레 물었다.

"우리도 안에 들어가 볼까?"

"무서울 것 같아."

다솔이가 회의장 쪽을 쳐다보며 말했다.

"같이 들어가 보자. 직접 보면 괜찮을지도 몰라."

"그래, 가 보자!"

다솔이가 휠체어 바퀴를 쌩 밀어 내며 달리자, 환영이도 곧바로 뒤따라갔다.

싸움은 이제 그만

 회의장에선 두 편으로 나뉜 어른들이 서로에게 고함을 질러 대고 있었다. 입이 무기가 되어 온갖 공격을 퍼붓는 것처럼 보였다. 환영이는 어깨를 움츠린 채 다솔이 뒤를 졸졸 따라갔다. 발을 구르고 삿대질을 해 대는 어른들을 용케 피해 다솔이가 앞쪽까지 나아갔다.

 "다 같이 살기 좋은 동네로 만들자는데, 무슨 말이 그렇게 많아요?"

 머리카락이 희끗한 아저씨가 으르렁대듯 한마디하자, 찬물을 끼얹은 듯 회의장 분위기가 순식간에 얼어붙었다. 맞은편에 앉은 사람들 사이로 불쾌감이 스멀스멀 퍼져 나갔다.

참다 못한 아주머니가 자리에서 벌떡 일어섰다.

"어르신, 상대방 의견도 존중해 주셔야죠!"

"몇몇 사람들 때문에 좋은 기회를 다 놓치게 생겼잖아요! 그런 사람들 의견까지 굳이 존중해 줘야 해요? 주민들이 지하철을 타러 나가기 얼마나 힘든지 잘 알잖아요. 스포츠 센터는 물론, 변변한 공원도 없어서 운동하기도 힘들다고요! 주민들의 불편을 해결하자는 건데, 왜 반대를 해요?"

흰머리 아저씨가 꾸짖듯이 소리쳤다. 그러자 당황한 사회자 아저씨가 급히 마이크를 잡았다.

"자자! 여러분! 오늘 특별히 구청 담당자 분들까지 참석했는데, 이렇게 다투기만 하실 건가요? 모두 머리를 모아서 최선의 방안을 마련해야죠."

앞자리에 앉은 구청 담당자들이 동의한다는 듯 고개를 끄덕였다. 곧이어 또 다른 아주머니가 손을 번쩍 들었다.

"여러분 상상해 보세요! 수영장이 있는 대형 스포츠 센터가 우리 동네에 생기는 거잖아요. 아이들이 생존 수영을 배우러 멀리 갈 필요도 없고, 언제든지 자유 수영을 즐길 수도 있을 거에요. 그뿐인가요? 다른 동네 사람들까지 찾아와서 수영을 하고, 주변 음식점에서 밥도 먹겠죠. 그럼 상인들한테도 이익이잖아요. 그러다 지하철역까지 생긴다면 금상첨화죠."

수영장 특유의 냄새가 환영이 콧속으로 훅 빨려 들어오는 것 같았다. 루비, 만수와 함께 물장구를 치며 놀면 얼마나 재밌을까, 하는 생각이 절로 들었다.

이번엔 운동복을 입은 아저씨가 손을 들었다.

"요즘처럼 미세 먼지가 심할 때는 밖에서 달리는 건 꿈도 못 꾸죠. 대형 스포츠 센터에 실내 트랙이 있다면 주민들이 날씨 걱정 없이 늘 달릴 수 있지 않겠어요? 꼭 스포츠 센터가 들어오면 좋겠습니다."

청중들의 끄덕이는 고갯짓이 물결처럼 퍼져 나갔다.

'스포츠 센터로 결정되는 건가? 그럼 다솔이와 찬수는……. 좋은 방법이 없을까?'

환영이 머릿속이 점점 복잡해졌다. 그 순간, 다솔이가 휠체어를 쌩 밀더니 사회자 아저씨 옆으로 갔다.

"헉! 다솔아, 어디 가는 거야?"

놀란 환영이가 손을 뻗어 봤지만, 이미 늦은 것 같았다. 다솔이가 할 말이 있다는 눈빛을 보내자 사회자 아저씨가 마이크를 건넸다.

"안녕하세요. 저는 지혜 학교에 다니는 최다솔입니다."

다솔이가 입을 연 순간, 회의장 분위기가 고요해졌다. 마치 막강한 상대를 만난 듯 어른들 어깨가 스르륵 내려갔다.

"저는 매일 아침 한 시간 동안 승합차를 타고 학교에 가는데요, 사실 엄청 힘들어요. 저는 다리가 조금 저리는 정도지만, 다른 친구들은 멀미도 하고, 차를 타는 내내 불편해하거든요. 대형 스포츠 센터를 원하는 분들의 의견도 충분히 이해해요. 하지만 우리들의 불편도 좀 알아주셨으면 좋겠어요."

담담하게 말을 마친 다솔이가 다시 환영이 곁으로 왔다. 어른들은 입을 꾹 다문 채 서로 눈치만 살폈다. 그때까지 잠자코 있던 양복 입은 아저씨가 입을 뗐다.

"양측의 이야기 잘 들었습니다. 각자의 입장이 확고해서 의견을 모으기 쉽지 않을 것 같군요. 너와 나보다 '우리 모두'의 편의를 위한다는 관점에서 다시 한번 숙고해 주시면 좋겠습니다."

갑자기 회의장 안이 술렁대기 시작했다.

"어휴, 지겨워! 이번에도 결론을 못 낸 거잖아요."

"대체 언제까지 동네 사람들끼리 싸워야 해요?"

"결국 살기 좋은 동네 선발 대회도 포기해야겠죠?"

그 순간, 환영이는 2반 아이들과 과학 축제를 준비하던 모습을 떠올렸다. 공용 상자를 만든 후 2반 아이들을 향한 적대감이 봄눈 녹듯 녹아내렸던 것도 생각났다.

'우리 모두의 편의? 아, 공용 상자!'

환영이 눈매가 커다래졌다. 양복 입은 아저씨들이 자리에서 일어나려는 순간, 환영이가 손을 번쩍 들었다.

"저, 저기요! 잠시만요!"

사람들 시선이 환영이에게 쏠렸다. 환영이가 재빨리 앞으로 달려 나가자 사회자 아저씨가 마이크를 건넸다.

"그러니까… 양쪽 다 만족할 만한 아이디어 말인데요."

"좋은 아이디어라도 있니?"

양복 입은 아저씨들이 다시 자리에 앉으며 물었다.

"아까 수영장과 실내 트랙을 원한다고 말씀하셨죠?"

앞서 의견을 발표했던 어른들이 고개를 끄덕였다.

"그럼, 건물 1층과 2층에 수영장과 실내 트랙을 만들면 어떨까요?"

"내 말이 그 말이야. 거긴 대형 스포츠 센터가 딱 맞다니까! 너도 동의하지?"

조금 전 수영장 얘기를 했던 아주머니가 박수를 치며 싱글벙글 웃었다.

"어른들은 '살기 좋은 동네 선발 대회'에서 우리가 꼭 일등을 해야 한다고 말씀하세요. 그럼 교통도 편해져서 주민들이 더 행복해진대요. 근데, 일등을 한다고 진짜 살기 좋아질까요?"

어른들이 어리둥절한 얼굴로 머뭇거리는 동안, 환영이가 회의

장을 한번 둘러보고는 다시 입을 뗐다.

"제 생각에 진짜 살기 좋은 동네는요, 다솔이도 저도 모두가 살기 좋은 동네여야 할 것 같아요."

환영이가 다솔이를 가리키자 어른들 시선이 다솔이에게 옮겨 갔다.

"물론 그렇긴 하지만 현실적으로……."

운동복을 입은 아저씨가 손을 휘휘 저었다. 그러자 환영이가 재빨리 말했다.

"3층과 4층엔 특수 학교를 만들면 되잖아요!"

"뭐, 뭐라고?"

순간 어른들 눈이 휘둥그레졌다.

"공유 상자처럼 공유 건물을 만드는 거예요."

"스포츠 센터와 특수 학교를 한 건물에 만들자고?"

"네! 특수 학교와 스포츠 센터를 한 건물에 만들어 주세요."

멍한 얼굴로 듣던 어른들이 '제법 그럴싸한 생각이군.'이란 표정으로 수군대기 시작했다.

"오호! 그거 아주 좋은 생각이구나."

양복 입은 아저씨가 엄지를 척 들어 올렸다. 옆에 앉은 어른들도 마음에 들어 하는 눈치였다.

"학생은 어떻게 그런 아이디어를 생각해 낸 거죠?"

양복 입은 아저씨의 물음에 환영이가 머리를 긁적였다.

"최근에 친구와 심하게 다퉜어요. 둘 다 자기 의견만 내세우고 양보할 줄 몰랐거든요. 작은 학용품조차 빌려주기 싫었어요. 그런데 우리만의 공용 상자를 만들면서 저절로 화해하게 되었어요. 내 것과 상대의 것을 모아서 우리의 것을 만든 거지요. 거기서 아이디어를 얻었어요."

어른들이 하나둘 고개를 끄덕이며 환하게 웃었다.

"여러분! 이 학생 말대로 우리도 공용 상자, 아니 공용 건물을 한번 만들어 보죠. 예산을 잘 활용해서 작은 스포츠 센터와 특수 학교를 한 건물에 짓도록 힘써 보겠습니다. 물론, 두 시설은 주민 모두를 위한 공간이 될 겁니다. 어떠세요, 만족하시나요?"

"진짜 살기 좋은 동네가 되겠군요."

"저도 찬성이요! 왜 진작 그런 생각을 못했을까요?"

"그럼……."

시끄러운 어른들 틈에서 다솔이가 크게 외쳤다. 다들 하던 말을 멈추고 다솔이를 쳐다봤다.

"이제 싸움은 다 끝난 거죠?"

다솔이 질문에 어른들이 멋쩍은 듯 웃었다.

우리 반 과학 실험실로 오세요!

다음 날, 등굣길에 루비와 만수가 동시에 '헉!' 하며 놀랐다.

"밤새 무슨 일이 있었던 거지?"

"그 많던 현수막들이 감쪽같이 사라졌네?"

"너희 부모님들은 어제 주민 토론회에 안 가셨나 보네?"

환영이가 싱긋 웃으며 말하자, 둘은 더 궁금하다는 듯 환영이에게 바짝 다가섰다.

"혹시 결론이 난 거야? 스포츠 센터인 거지?"

루비가 재빨리 물었다.

"아냐, 특수 학교겠지! 내 말이 맞지?"

만수도 대답을 재촉했다.

"둘 다!"

"둘 다?"

루비와 만수가 당황한 얼굴로 동시에 물었다.

"한 건물에 스포츠 센터와 특수 학교를 다 만들기로 했어!"

"세상에! 정말 잘됐다!"

"근데 누가 그런 아이디어를 낸 거야?"

루비가 호기심 가득한 얼굴로 물었다.

"글쎄…… 싸움을 끝내는 방법을 아는 사람?"

환영이가 웃음을 꾹 참으며 대답했다.

학교 복도로 들어선 루비가 다급하게 팔을 뻗었다.

"저기 2반 부스 말이야!"

"부스가 왜?"

"오른쪽이 더 올라간 것 같지 않아?"

그러고 보니 열린 창문으로 바람이 불어올 때마다 부스 오른쪽이 불안하게 흔들리는 것 같았다.

"치, 알려 줘 봤자 최장미는 고마워하지도 않을 텐데……."

만수가 입술을 비죽거리며 말했다.

"설마 축제 동안 별일이야 있겠어?"

환영이 말에 둘은 고개를 끄덕였다.

곧이어 과학 축제가 시작되었다. 1반과 2반 아이들이 당번을 짜서 번갈아 가며 자리를 지켰다. 다른 학년의 부스를 구경하고 온 환영이 눈에 2반 부스가 또 한 번 쏙 들어왔다. 오른쪽이 아까보다 더 높이 솟은 것 같았다.

'바람 때문에 위험할 수도 있겠는데…….'

환영이가 재빨리 달려가 복도 창문을 닫았다. 그때 당번을 교대하러 온 장미와 햇살이, 철빈이가 부스로 들어섰다.

"어휴, 더워! 근데 누가 창문을 닫은 거야!"

장미가 신경질적으로 중얼거리면서 창문을 열었다.

"방금 환영이가 닫던데?"

철빈이 말에 셋이 동시에 환영이를 쳐다봤다.

"어쩔 수 없었어. 안 그랬다간 너희 부스가……."

"너희 물건들이 바람에 날릴까 봐 닫은 거지? 거봐, 내가 처음부터 부스를 주문해야 한다고 말했잖아!"

장미가 환영이 말을 톡 자르며 끼어들었다.

"아니, 그게 아니라 너희 부스가……."

"어서 오세요!"

때마침 2반 부스로 들어선 손님들을 맞느라 장미가 몸을 휙 돌렸다.

'쳇, 도와주려고 했더니…….'

환영이가 입맛을 다시며 반대쪽 복도로 몸을 틀었다.

쌩쌩! 부르르!

거친 바람 소리와 함께 부스가 잠시 휘청거렸다.

"환영아, 일찍 교대하러 왔구나?"

루비와 만수가 손을 흔들며 다가왔다.

바르르르!

그 순간 불길한 소리가 환영이 귓속을 파고들었다.

"헉! 환, 환영아!"

귀신이라도 본 듯 루비와 만수의 얼굴이 허옇게 질려 있었다.

"왜? 무슨 일인데?"

환영이가 묻자 만수가 2반 부스를 가리켰다. 부스 오른쪽 봉이 쑥 올라가 금방이라도 멀리 날아갈 것만 같았다.

"빨리 부스 잡아!"

환영이가 급히 손을 뻗으며 소리쳤다. 깜짝 놀란 장미와 햇살이, 철빈이도 부스 봉에 달라붙었다. 또다시 불어온 세찬 바람에 봉을 붙잡은 아이들의 몸이 덜컥덜컥 요동쳤다. 환영이가 더 크게 외쳤다.

"얘들아, 도와줘!"

복도를 지나가던 아이들이 자석에 달라붙듯 봉으로 몰려들었다. 루비와 만수가 창문을 닫고는 손을 보태자 그제야 모든 것이 잠잠해졌다.

"괜찮아? 다친 사람 없지?"

"후유…… 하마터면 큰일 날 뻔했잖아."

"환영이 아니었으면 봉이 천장으로 날아가 부딪혔을지도 몰라."

아이들이 가슴을 쓸어내리며 한마디씩 하는 동안, 장미는 민망한 표정으로 환영이를 쳐다봤다.

"환영아, 혹시 아까 하려던 부스 이야기가…… 이거였어?"

"응. 오른쪽 봉만 바람에 심하게 흔들려서 말해 주려고 했지."

"난 그런 줄도 모르고……. 미안해."

장미가 얼굴을 붉히며 말했다.

"이대로 두면 위험하겠는걸?"

루비가 부러진 봉을 가리켰다.

"그냥 부스를 철거하는 게 낫지 않을까?"

만수 의견에 다들 고개를 끄덕였다.

"다 함께 힘을 모으면 금방 끝날 거야!"

환영이 말이 끝나자마자 아이들이 달려들어 부스를 철거했다.

마침내 1반과 2반 사이를 가로막았던 부스가 사라지고, 책상 두 개가 나란히 놓였다. 운영 위원 여섯 명도 사이좋게 한 줄로 섰다.

"공용 상자는 여기 둘게."

환영이가 공용 상자를 두 책상 사이에 척 내려놓았다. 그제야 모든 것이 완벽하게 제자리를 찾은 듯 편안해 보였다.

"우리 이렇게 서 있으니까……."

장미가 주춤거리다 입을 뗐다. 아이들이 다음 말을 기다리며 눈을 반짝였다.

"아, 알겠다!"

환영이가 퀴즈 정답을 맞히듯 손을 번쩍 들었다.

"뭔데?"

"꼭 한 반 같다고 말하려는 거지?"

장미가 고개를 크게 끄덕였다.

"응. 똑같은 책상을 나란히 두고, 공용 상자도 함께 쓰니까 진짜 한 반이 된 것 같아."

"그럼 이렇게 고쳐 써야겠네."

환영이가 1반과 2반 책상 앞에 각각 붙여 둔 종이를 냉큼 뗐다. 그러곤 새 종이에 커다랗게 적었다.

우리 반 과학 실험실로 오세요!

새 종이를 1반과 2반 책상 중간에 딱 붙이자, 아이들이 히죽히죽 웃었다. 그때 구경하러 다가오는 아이들의 발걸음 소리가 점점 크게 들려왔다. 1반과 2반 아이들이 한목소리로 외치기 시작했다.

"우리 반 과학 실험실로 오세요!"

님비 현상이란?

님비란, 'Not in my backyard. (NIMBY, 내 뒷마당에서는 안 된다.)'의 줄임말입니다. 일종의 지역 이기주의 현상을 일컫는 말이지요.

예를 들어 자신의 동네에 쓰레기 매립장, 교도소, 핵폐기물 처리장, 하수 종말 처리장, 화장장, 정신 병원 같은 시설이 생긴다면 주민들 대부분이 거세게 반대합니다. 물론 이런 시설의 필요성은 잘 알지만, 자신의 동네에 들어오는 것만큼은 적극적으로 막으려고 하지요.

주민들은 보통 자신의 동네가 아닌 다른 동네에 이러한 시설을 지으라고 요구하기도 합니다. 그래서 자기중심적인 태도, 즉 이기주의라고 볼 수 있지요.

지식 쏙! 생각 쏙!

우리 주변 님비 현상 5가지

1. 공공 임대 주택 건설 반대

공공 임대 주택이란, 국가나 민간 업체가 청약 가입자들에게 일정 기간 동안 저렴한 보증금과 월 임대료를 받고 거주할 수 있게 해 주는 주택을 말해요. 시세보다 저렴한 비용으로 거주할 수 있어서 지역의 주택 부족 문제를 해결하고, 거주자들에게 안정적인 주거 환경을 마련해 주는 효과가 있지요.

하지만 자신의 동네에 공공 임대 주택을 짓는 것을 반대하는 사람들이 많아요. 동네 집값을 떨어뜨린다거나, 동네 이미지가 나빠진다는 이유를 들면서 말이에요. 또한 공공 임대 주택에 사는 아이들과 일반 주택에 사는 아이들의 학교 배정 문제로 크고 작은 갈등이 빚어지기도 한답니다.

2. 청년 주택 건설 반대

　청년 주택이란, 직장을 찾아 모여든 청년들이 저렴한 임대료를 내고 살 수 있도록 만든 주택이에요. 큰 회사가 많은 지역에서는 청년들이 살 집이 부족할 수밖에 없어서 청년 주택을 적극적으로 건설하려고 하지요.

　하지만 공공 임대 주택의 경우처럼 지역 주민들이 청년 주택 건설을 반대하는 경우가 많아요. 청년 주택이 많아지면 동네 집값이 덩달아 떨어질 수 있다고 걱정하기 때문이지요. 청년 주택 대신 동네에 더 도움이 될 만한 시설이 들어오길 바라기도 해요.

지식 쏙! 생각 쏙!

3. 쓰레기 매립장 건설 반대

여러분이 매일 버리는 쓰레기는 어디로 갈까요? 모두 수거해서 쓰레기 매립장으로 보낸답니다. 쓰레기 양이 너무 많은 지역은 멀리 떨어진 쓰레기 매립장까지 쓰레기를 실어 나르기도 하지요. 쓰레기 매립장은 없어서는 안 될 주요 시설물 중 하나예요.

그런데 문제는, 쓰레기 매립장이 턱없이 부족하다는 거예요. 새로운 매립장을 만드는 것 또한 간단치가 않습니다. 쓰레기 매립장 건설 후보 지역으로 선정되면 주민들 대부분이 거세게 반대하기 때문이지요. 매일 쓰레기를 버리지만, 쓰레기 매립장 때문에 발생하는 문제들은 누구도 떠안고 싶지 않은 거예요.

4. 장례식장 건설 반대

　사람은 누구나 언젠가 죽음을 맞습니다. 시신을 거두고 장례 의식을 치르는 장례식장이 필요한 이유이지요. 그런데 장례식장도 일종의 혐오 시설로 여겨지곤 합니다. 지역 환경을 개선하거나 경제적 이익을 가져오는 시설이 아니라 그저 의무적으로 필요한 시설 중 하나일 뿐이라는 생각도 강하게 자리 잡고 있지요.

　만약 우리 사회에 장례식장이 부족해진다면 어떻게 될까요? 당장 장례를 치러야 하는 유가족들뿐 아니라 수많은 사람들이 큰 불편을 겪게 될 거예요.

지식 쏙! 생각 쏙!

5. 교도소, 재활 센터 건설 반대

범죄를 저지르거나 약물에 중독된 사람들은 얼마 동안 사회에서 격리됩니다. 그래서 그들이 머물 수 있는 시설들이 반드시 필요하지요. 만약 교도소가 없다면, 범죄를 저지른 사람들이 계속해서 많은 사람들에게 피해를 줄지도 몰라요. 또 재활 센터가 없다면 약물에 중독된 사람들은 적절한 치료를 받을 수 없게 돼요.

하지만 문제는, 누구도 자신의 동네에 교도소나 재활 센터가 들어오는 걸 반기지 않는다는 거예요. 그럼에도 이런 시설들은 없어서는 안 된답니다.

님비 현상을 해결하려면?

　첫째, 사람들이 꺼리는 시설의 안전성을 주민들에게 자세히 설명해야 합니다. 이때 객관적인 자료를 통한 설명과 설득이 반드시 필요하고, 충분한 논의 과정도 거쳐야 합니다.

　예를 들어, 쓰레기 소각장을 우리 지역에 만든다고 가정해 봅시다. 주민들 입장에선 '쓰레기를 태우면 해로운 물질이 공기 중에 나와서 건강을 해치지 않을까?'라고 걱정하기 마련입니다. 지방 자치 단체에서는 과학적인 자료를 바탕으로 쓰레기 소각장이 건강에 해롭지 않다는 걸 보여 줘야 하겠지요.

지식 쏙! 생각 쏙!

　둘째, 사람들의 인식을 바꾸기 위해 노력해야 합니다. 사회에 꼭 필요한 시설물이 우리 지역에 있으면 우리 지역 주민들뿐만 아니라 이웃 지역 주민들까지 모두 편의를 누리게 된다는 것을 적극적으로 알리고, 자긍심을 갖도록 해야겠지요.

　실제로 어느 동네에서는 소방서 건립 문제로 시끄러웠던 적이 있습니다. 얼핏 생각하기에 소방서가 우리 동네에 있으면 화재가 났을 때, 재빨리 불을 끌 수 있어서 좋을 것 같겠지만 소방차의 시끄러운 사이렌 소리 때문에 꺼리는 동네가 많답니다. 만약 우리 동네 사람들이 사이렌 소리를 감내하지 않는다면, 이웃 동네에서 화재가 났을 때 진압에 어려움을 겪을지도 모릅니다. 그러니 소방서가 있는 지역 주민들은 자긍심을, 이웃 주민들은 감사하는 마음을 가져야 하지 않을까요?

셋째, 주민 투표 등의 민주적인 방법을 통해 지역 주민의 의견을 충분히 받아들여야 합니다. 시설의 필요성만 강조한 채, 의견 수렴 과정을 충분히 거치지 않는다면 님비 현상이 더욱 강화될 수도 있기 때문입니다.

넷째, 님비 현상을 실질적으로 해결하기 위해서는 지역 주민들에게 세금 혜택을 비롯한 다양한 이익이 돌아가야 합니다. 누구도 일방적인 희생을 강요하거나, 강요받아선 안 되겠죠? 불편을 감수하는 것에 대한 적절한 보상은 이루어져야 마땅합니다.

지식 쏙! 생각 쏙!

님비 현상은 무조건 나쁠까?

꼭 그렇지만은 않아요. 누구나 당연히 좋은 환경에서 살고 싶어 하고, 자신의 이익을 위해 노력하지요. 만약 원치 않는 시설이 우리 동네에 들어온다면, 우리는 적극적으로 반대 의견을 표현할 수 있습니다. 또한 지방 자치 단체는 주민들의 의견에 귀 기울이고, 민주적인 절차에 따라 문제를 해결하도록 힘써야 하지요. 이 과정에서 살고 있는 지역에 대한 애정을 가질 수 있고, 환경 문제에 대해 깊이 있게 고민해 볼 수도 있어요. 또한 자신의 의견을 논리적으로 전달하는 방법도 배울 수 있지요.

한편, 지방 자치 단체는 지역 주민을 이해시키려고 여러 방면으로 노력하면서 갈등 해소 방법과 문제 해결력을 기를 수 있어요. 더 나아가 지역과 지역 주민에 대해 더 잘 이해하는 계기를 마련할 수도 있을 거예요.

같은 듯 다른 사회 현상들은?

1. 핌피 현상

핌피란, 'Please in my front yard. (PIMFY, 제발 내 앞마당에서.)'의 줄임말입니다. 님비 현상과는 반대로 경제적으로 도움이 되는 시설이나 사업을 자신의 지역에 반드시 유치하려는 지역 이기주의 현상입니다.

대표적인 시설로는 지하철역, 대형 쇼핑몰, 대형 병원 등이 있어요. 올림픽이나 월드컵, 엑스포 같은 대형 행사를 자신의 지역에 유치하려는 것 또한 핌피 현상이랍니다.

지식 쏙! 생각 쏙!

2. 님투 현상

 님투란, 'Not in my terms of office. (NIMTOO, 나의 공직 재임 기간 중에는 안 된다.)'의 줄임말입니다. 자치 단체장들이 혐오 시설을 자신의 재임 기간 중에 건설하지 않으려는 현상을 말해요.

 자치 단체장들이 혐오 시설 건설에 대한 책임과 비난을 피하기 위해서 다음 자치 단체장에게 판단과 실행을 미루는, 일종의 개인 이기주의 현상인 셈이지요. 이는 '님트(NIMT, Not in my term.) 현상'이라고도 한답니다.

지식 쏙! 생각 쏙!

3. 바나나(BANANA) 현상

바나나란, 'Build absolutely nothing anywhere near anybody. (BANANA, 어디에든 아무것도 짓지 말라.)'의 줄임말입니다. 님비 현상과 엇비슷하나, 주로 환경 오염 시설의 설치 자체를 아예 반대한다는 측면에서 조금 다르다고 할 수 있습니다.